Наша сонячна система

Автор Софія Еванс

Library For All Ltd.

Наша сонячна система

Це видання опубліковано у 2022 році

Опубліковано Library For All Ltd
Електронна пошта: info@libraryforall.org
URL-адреса: libraryforall.org

Наша сонячна система
Еванс, Софія
ISBN: 978-1-922849-34-2
SKU02887

Стокові зображення — pixabay.com, solarsystem.nasa.gov, pxfuel. com, rawpixel.com, flickr.com.

Наша сонячна система

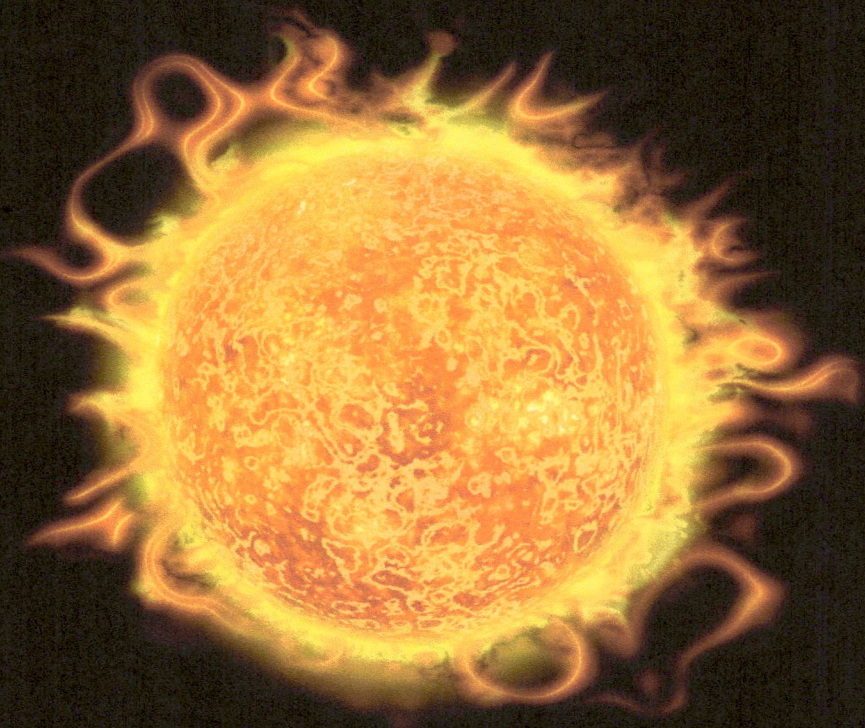

Сонце — це гігантська куля гарячих газів, які виділяють тепло та світло. Воно є центром нашої сонячної системи.

Меркурій знаходиться найближче до Сонця. Він складається з каменю. Гарячого каменю!

Венера — дуже особлива планета. Вона обертається в протилежному напрямку по відношенню до інших планет.

Земля — це третя планета від Сонця. Тут живуть люди.

На Марсі є червоні
скелі та пил.
Люди відправляють
туди роботів.

Юпітер — це газовий гігант. Він має понад 60 супутників різноманітних форм та розмірів.

Сатурн також складається
з газів. Сатурн оточують
крижані та кам'яні кільця.

Уран — це велетенська планета з льоду.
Вона синя і холодна.

Нептун — найхолодніша планета. Там є льодяні вітри і заморожені гази.

Плутон так само є планетою, хоча дехто й вважає його замалим.

Наша сонячна система складається з багатьох планет і одного Сонця.

Скористайся цими запитаннями, щоб обговорити книгу з сім'єю, друзями і вчителями.

Чому тебе навчила ця книга?

Опиши цю книгу одним словом. Смішна? Моторошна? Кольорова? Цікава?

Що ти відчуваєш після прочитання цієї книги?

Яка частина цієї книги найбільше тобі сподобалась?

Про автора

Софія Еванс — це авторка, вчителька початкової школи і пристрасна шанувальниця небесних світил. На даний момент вона живе в Австралії зі своїм гігантським собакою Леруа. Софії завжди подобалося писати та читати, і в майбутньому вона сподівається створити ще багато книжок. У свій вільний час вона залюбки малює, шиє та грається в парку з Леруа. Софії подобається співпрацювати з Library For All, оскільки вона поділяє основну ідею, що будь-хто, незалежно від місця перебування, заслуговує на якісну книгу.

Тобі сподобалась ця книга?

В нас є ще сотні унікальних оповідань, ретельно відібраних фахівцями.

Щоб забезпечити дітей у всьому світі доступом до радості читання, ми тісно співпрацюємо з авторами, педагогами, консультантами в сфері культури, представниками влади та неурядовими організаціями.

Чи відомо тобі?

Ми досягаємо глобальних результатів у цій царині, дотримуючись Цілей сталого розвитку Організації Об'єднаних Націй.

libraryforall.org